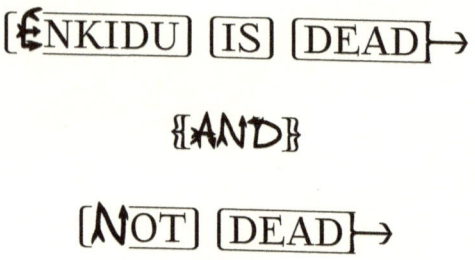

ENKIDU IS DEAD AND NOT DEAD

An Origin Myth of Grief

Tucker Lieberman

ENKIDU ESTÁ MUERTO
Y
NO LO ESTÁ

Un mito de origen de la pesadumbre

Tucker Lieberman

[BOGOTÁ]

[Glyph] [Torrent]

[2021]

[ISBN] [978-1-7329060-6-8]

Cover art
Luis Carlos Barragán

Fonts
Narrow Arrow – FOGLIHTEN – Bell MT

First printing (paperback)
June 2021

[THE] [GODS] [KNOW] [WHO] [WROTE] [THESE] [POEMS]→

[BOGOTÁ]

[Glyph] [Torrent]

[2021]

[ISBN] [978-1-7329060-6-8]

Arte de la portada
Luis Carlos Barragán

Fuentes
Narrow Arrow – FOGLIHTEN – Bell MT

Primera impresión (libro de bolsillo)
junio de 2021

←[LOS] [DIOSES] [SABEN] [QUIÉN] [ESCRIBIÓ] [ESTOS] [POEMAS]

ACKNOWLEDGMENTS

The Epic of Gilgamesh, thousands of years old, is often identified as the earliest surviving poem. In the story, Gilgamesh, King of Uruk in modern-day Iraq, mourns his wild-dwelling friend Enkidu. I acknowledge the bravery of the first poet who tried to describe grief. That person did not know what the stars might have to say nor whether the future would ever come.

A *shuila* prayer in Akkadian was recited by a priest in the presence of, and on behalf of, a client who could have been, for example, a king. The final poem is named after this type of prayer.

I carved these tablets. In consecutive iterations, Tanya Singh, alyssa hanna, Christina Xiong, Kristin Garth, Félix González Montejo, Arturo Serrano, Vanessa Maki, and Paula Espitia told me where to smash the tablet and redo the story. One of these poems was also workshopped in a class led by Tess Taylor. I am indebted to them.

All 33 poems in this collection are previously unpublished in their current forms. Several, however, are new iterations of previously published poems. Now they are transformed to resound in the voice of Gilgamesh.

On the Tablets on the East Wall:
- "Seeing the invisible" is based on "Object Permanence," previously published in *Esthetic Apostle*.
- "Enkidu, Animal-Man-God" is based on "The Ghosts of Yes and No," previously published in *Marias at Sampaguitas*.
- "How animals were made" is based on "Origin of Species," previously published in Niagara University's *The Aquila*.

On the Tablets on the West Wall:
- "I must go" is based on "Bridge With Two Names," previously published in *The Conclusion*.

Thank you to Grayson Books and to judge Brian Clements for recognizing this Enkidu collection as a finalist in their 2020 Poetry Contest.

—Tucker Lieberman

AGRADECIMIENTOS

La Epopeya de Gilgamesh, escrita hace miles de años, se identifica con frecuencia como el poema más antiguo que sobrevive. En la trama, Gilgamesh, Rey de Uruk en el actual Irak, llora a su amigo Enkidu, quien vivía en la naturaleza. Reconozco la valentía del primer poeta que intentó describir la pesadumbre. Esa persona no supo qué tendrían que decir las estrellas ni si llegaría alguna vez el futuro.

Una oración *shuila* en acadio fue recitada por un sacerdote en presencia de, y en nombre de, un cliente que podía haber sido, por ejemplo, un rey. El título del último poema procede de este tipo de oración.

Yo cincelé estas tabletas. De iteraciones consecutivas, Tanya Singh, alyssa hanna, Christina Xiong, Kristin Garth, Félix González Montejo, Arturo Serrano, Vanessa Maki y Paula Espitia me dijeron por dónde debía resquebrajar la tableta y rehacer el cuento. Uno de estos poemas también fue elaborado en una clase dirigida por Tess Taylor. Les estoy agradecido.

Todos los 33 poemas en esta colección son inéditos en sus formas actuales. Varios, sin embargo, son iteraciones nuevas de poemas anteriormente publicados. Ahora se han transformado para resonar en la voz de Gilgamesh.

En las Tabletas en la Pared Este:
- "Ver lo invisible" está basado en "Object Permanence," que fue publicado anteriormente en *Esthetic Apostle*.
- "Enkidu, Animal-Hombre-Dios" está basado en "The Ghosts of Yes and No," que fue publicado anteriormente en *Marias at Sampaguitas*.
- "Cómo se hicieron los animales" está basado en "Origin of Species," que fue publicado anteriormente en *The Aquila* de Niagara University.

En las Tabletas en la Pared Oeste:
- "Debo irme" está basado en "Bridge With Two Names," que fue publicado anteriormente en *The Conclusion*.

Gracias a Grayson Books y al juez Brian Clements por seleccionar esta colección de Enkidu como finalista en su Concurso de Poesía de 2020.

—Tucker Lieberman

[POEMS]→

Tablets on the North Wall: Vanishing of Enkidu
How I thought it worked
His breath detaches
Enkidu is gone
Regret
Omens of liver and stars
Every tablet breaks
Enkidu dreams of charts
We must not end this way

Tablets on the East Wall: Adoration of Enkidu
Absence
I am still tracking you
Anoint me
Seeing the invisible
Enkidu, Animal-Man-God
How animals were made
Scratched in amber
The coin of Gilgamesh

Tablets on the South Wall: Friendship Quest
Or call me no king
I promise not to call out to you
If the heavens spoke
Why am I not dead?
A liver grows back
First call of the Anzu Bird
I cannot die in a dream
I restart my life

Tablets on the West Wall: Emergence
I must go
Here is my liver
Begin with emptiness
I honor it by dropping it
The freedom to stop dreaming
Was I what I wanted?
Now I must live
Second call of the Anzu Bird

Oral Tradition
Shuila prayer

POEMAS

Tabletas en la Pared Norte: Desaparición de Enkidu
Cómo creía yo que funcionaba
Su aliento se separa
Enkidu ya no está
Remordimiento
Presagios de hígado y estrellas
Toda tableta se rompe
Enkidu sueña con mapas
No debemos terminar de esta manera

Tabletas en la Pared Este: Adoración de Enkidu
Ausencia
Todavía te estoy rastreando
Úngeme
Ver lo invisible
Enkidu, Animal-Hombre-Dios
Cómo se hicieron los animales
Rayado en ámbar
La moneda de Gilgamesh

Tabletas en la Pared Sur: Búsqueda de la Amistad
O no me llames rey
Prometo no llamarte
Si los cielos hablaran
¿Por qué no estoy muerto?
Un hígado vuelve a crecer
El primer grito del Pájaro Anzu
No puedo morir en un sueño
Reinicio mi vida

Tabletas en la Pared Oeste: Eclosión
Debo irme
Aquí mi hígado
Al principio, el vacío
Lo honro al dejarlo caer
La libertad de dejar de soñar
¿Era yo lo que yo quería?
Ahora debo vivir
El segundo grito del Pájaro Anzu

Tradición oral
Oración shuila

{TABLETS} [ON] [THE] [NORTH] [WALL]

{VANISHING} [OF] [ENKIDU]

{TABLETAS} [EN] [LA] [PARED] [NORTE}

{DESAPARICIÓN] [DE] [ENKIDU}

{[NORTH] [WALL]} {[VANISHING] [OF] [ENKIDU]}
[HOW] [I] [THOUGHT] [IT] [WORKED]⟶

The story always begins on a bright day under the palms,
King Gilgamesh and Enkidu together.
We carve letters into clay tablets,
the story—as we like it.

When Enkidu was living by the mountain,
naked, long-haired, crouching by the river,
the beauty of Shamhat called to him, her body, sacred to Ishtar,
disrobing. He touched that woman.

He became Animal-Man-God.
He began to think, so he walked more slowly.
He bathed, so the beasts rejected him.
Shamhat said to him, "I will lead you to Uruk, to Gilgamesh."

Enkidu is a friend to Gilgamesh,
and I am the king who is Gilgamesh.
He will eat at the hearth of King Gilgamesh.
He will sleep in the tent of King Gilgamesh.

We live forever, Enkidu and I. This is how:
when we do not like the story,
he breaks the tablet,
speaks the ibis words: *Send us back.*

There is no poetry.
There is no time.
There is no distress.
There is no death.

There is no Ishtar, for that matter.
I have no time for the goddess Ishtar.
Ishtar is a bother.
Ishtar have I rejected.

The story always begins on a bright day under the palms,
King Gilgamesh and Enkidu together.
We carve letters into clay tablets,
the story—as we like it.

{[PARED] [NORTE]} {[DESAPARICIÓN] [DE] [ENKIDU]}

←[CÓMO] [CREÍA] [YO] [QUE] [FUNCIONABA]

La historia siempre empieza en un día brillante bajo las palmas,
el rey Gilgamesh y Enkidu juntos.
Cincelamos letras en tabletas de arcilla,
la historia…como nos plazca.

Mientras vivía Enkidu cerca de la montaña,
desnudo, de pelo largo, agachado cerca del río,
lo llamó la belleza de Shamhat y su cuerpo, consagrado a Ishtar,
desvistiéndose. Él tocó a esa mujer.

Se convirtió en Animal-Hombre-Dios.
Empezó a pensar, por lo que caminaba más lento.
Se bañó, por lo que las bestias lo rechazaron.
Shamhat le dijo: —Te guiaré a Uruk, a Gilgamesh.

Enkidu es amigo de Gilgamesh,
y yo soy el rey que es Gilgamesh.
Comerá en el hogar del rey Gilgamesh.
Dormirá en la carpa del rey Gilgamesh.

Vivimos eternamente, Enkidu y yo, de esta manera:
cuando no nos gusta la historia,
él rompe la tableta,
dice las palabras ibis: *Mándenos de vuelta*.

La poesía no existe.
El tiempo no existe.
La zozobra no existe.
La muerte no existe.

Ishtar no existe, por cierto.
No tengo tiempo para la diosa Ishtar.
Ishtar es una molestia.
A Ishtar he rechazado.

La historia siempre empieza en un día brillante bajo las palmas,
el rey Gilgamesh y Enkidu juntos.
Cincelamos letras en tabletas de arcilla,
la historia…como nos plazca.

{NORTH} {WALL}   {VANISHING} {OF} {ENKIDU}

{HIS} {BREATH} {DETACHES}→

Ishtar, hate-jealous, released the Bull of Heaven.
I might have caged it,
driven it off a cliff.
But Enkidu fought off the bull for me.

Enkidu, the revenge bull rushed you.
Enkidu, you have been thrown at wide angles to the sky.
Enkidu, you rose up again.
Enkidu, you thrust your spear in the bull's neck.

The bull has fallen: clamor, aroma.
Enkidu, you are hurt,
your liver bleeds in the dirt.
This story is misbegotten.

Enkidu, it is time for you to smash the clay tablet,
to invoke the ibis words: *Send us back*,
to split the narrative.
Send us to the bright day under the palms.

His breath detaches.
He cannot attempt to break the tablet.
He coughs; he dreams.
He does not let me touch his shoulder.

Enkidu opens his eyes and says:
I dreamed of my death.
I walked azimuths backward.
I rowed alone to the Underworld, and misery is yours.

{[PARED] [NORTE]} {[DESAPARICIÓN] [DE] [ENKIDU]}
←[$U] [ALIENTO] [SE] [SEPARA]

Ishtar, celodiosa, despachó el Toro del Cielo.
Pude haberlo enjaulado,
haberlo arrojado por un barranco.
Pero Enkidu se enfrentó al toro por mí.

Enkidu, el toro de la venganza te arremetió.
Enkidu, has sido arrojado en amplios ángulos al cielo.
Enkidu, te volviste a levantar.
Enkidu, enterraste tu lanza en el cuello del toro.

El toro ha caído: barullo, vaharada.
Enkidu, estás herido,
tu hígado sangra en la tierra.
Esta gesta promete mal.

Enkidu, es hora de que rompas la tableta de arcilla,
que invoques las palabras ibis: *Mándenos de vuelta*,
que dividas la narrativa.
Mándenos al día brillante bajo las palmas.

Su aliento se separa.
No puede intentar romper la tableta.
Tose; sueña.
No me deja tocarle el hombro.

Enkidu abre los ojos y dice:
Soñé con mi muerte.
Retrocedí acimuts.
Remé solo al Inframundo, y la miseria te pertenece.

{NORTH} {WALL} {VANISHING} {OF} {ENKIDU}

[**E**NKIDU] [IS] [GONE]→

I turn from Enkidu. I gallop to the palace.
Physician, come! King Gilgamesh calls you!
The physician mounts his horse.
Two horses speed to the plain where Enkidu has fallen.

Enkidu is the source, the rising, he who makes all men wild.
Enkidu makes the feathers grow on the hawk.
Enkidu cannot submit to a physician.
A physician's hand will disinvoke him, make him Enkidu no more.

But if we let Enkidu die, he cannot break the tablet.
If he does not break the tablet, we cannot restart our story.
Enkidu must rise—Enkidu must be healed.
Though Enkidu is a wild man, I will bring him to the healing tent.

The physician grabs the shoulder of the injured man:
Enkidu who is beloved, Enkidu who saved his king.
Enkidu resists, shudders,
his body like a tablet breaking.

The earth swallows him—
Enkidu disappears into the earth—
though he doesn't call the Underworld nor choose to go down,
the earth swallows him.

Before my eyes—blood in the dirt.
Physician, where is Enkidu, the wild man?
The physician says: *I touched his shoulder—*
his body vanished—he is gone.

{[PARED] [NORTE]} {[DESAPARICIÓN] [DE] [ENKIDU]}
← [ENKIDU] [YA] [NO] [ESTÁ]

Me aparto de Enkidu. Galopo al palacio.
¡Médico, venga! ¡El rey Gilgamesh lo llama!
El médico monta su caballo.
Dos caballos corren hacia la llanura donde ha caído Enkidu.

Enkidu es la fuente, el subiente, el que embravece a todos los seres.
Enkidu hace que le crezcan plumas al halcón.
Enkidu no puede someterse a un médico.
La mano de un médico desinvocará a Enkidu y lo desvanecerá.

Pero si dejamos que Enkidu muera, no podrá romper la tableta.
Si no rompe la tableta, no podremos reiniciar nuestra historia.
Enkidu debe levantarse…Enkidu debe ser curado.
Si bien Enkidu es hombre bravío, lo he de llevar a la carpa de
   curación.

El médico agarra el hombro del hombre herido:
Enkidu, quien es amado; Enkidu, quien salvó a su rey.
Enkidu resiste, se estremece,
su cuerpo como una tableta, rompiéndose.

La tierra se lo traga…
Enkidu desaparece en la tierra…
aunque no llama al Inframundo ni elige descender,
la tierra se lo traga.

Ante mis ojos…sangre en la tierra.
Médico, ¿dónde está Enkidu, el hombre bravío?
El médico dice: *Le toqué el hombro…*
su cuerpo se desvaneció…ya no está.

{NORTH} {WALL}   {VANISHING} {OF} {ENKIDU}

{REGRET}→

In my dream, my arms and legs are tied to four horses.
Pain is a year, an hour, a dot in the memory.
My body scatters in the desert.
I am lost to myself, and I cannot find Enkidu.

The upside-down of his absence:
a cave and a mountain,
an empty chair nurtured like a living child,
a curse that must be converted to boon.

Mine is the nightmare,
yours is the sunlight.
You want me to stand down the dying sun.
Will the myth end now? Will it please end?

A man is his wanting, fed or not.
I am my own purpose, but regret hungers for me.
I know what Enkidu did—how I failed him.
Let me disappear within him.

{[PARED] [NORTE]} {[DESAPARICIÓN] [DE] [ENKIDU]}
← [REMORDIMIENTO]

En mi sueño tengo los brazos y piernas atados a cuatro caballos.
El dolor es un año, una hora, un punto en la memoria.
Mi cuerpo se dispersa en el desierto.
Estoy perdido para mí mismo y no puedo encontrar a Enkidu.

El revés de su ausencia:
una cueva y una montaña,
una silla vacía criada como niño vivo,
una maldición que hay que convertir en bendición.

Mía es la pesadilla,
tuya es la luz del sol.
Quieres que renuncie al sol moribundo.
¿Terminará ahora el mito? ¿Terminará, por favor?

Un hombre es su deseo, alimentado o no.
Yo soy mi propósito, pero el remordimiento tiene hambre de mí.
Sé lo que hizo Enkidu…cómo le fallé.
Déjenme desaparecer dentro de él.

{NORTH] [WALL} {VANISHING] [OF] [ENKIDU}

[OMENS] [OF] [LIVER] [AND] [STARS]→

Does the horse leap up and sprout wings?
Does the heart square the circle?
Enkidu, your absence is a bright star I do not name;
the lesser stars are my refuge, they name me.

Enkidu, do your arms and legs resurrect, and do mine?
Do you come home from the desert, and is it my home?
Does the end contain the beginning?
Are you coming to me in the way of a god?

I would seek *tertu*, liver omens,
but there's no liver to consult.
I seek *alaktu*, star omens,
but they tell me to shine my own answers.

That you do not exist for my education
is an illumination and an education.
I will learn without controlling.
The wind might speak to me of its own accord.

The pattern of bees nesting in brick
is writhing omen, predictive mob.
A guide told me: *When they hunt you,*
lean into the fear.

{[PARED] [NORTE]} {[DESAPARICIÓN] [DE] [ENKIDU]}
← [PRESAGIOS] [DE] [HÍGADO] [Y] [ESTRELLAS]

¿El caballo salta y le brotan alas?
¿El corazón cuadra el círculo?
Enkidu, tu ausencia es una estrella brillante que no nombro;
las estrellas menores son mi refugio, me nombran.

Enkidu, ¿se resucitan tus brazos y piernas y los míos?
¿Vuelves a casa desde el desierto, y es mi hogar?
¿El final contiene el principio?
¿Vienes a mí a manera de dios?

Buscaría *tertu*, presagios de hígado,
pero no hay hígado para consultar.
Busco *alaktu*, presagios de estrellas,
pero me mandan que brille mis propias respuestas.

Que tú no existas para mi formación
es una iluminación y una formación.
Aprenderé sin controlar.
El viento me hablará por sí solo.

El patrón de las abejas que anidan en ladrillos
es presagio de torsión, caterva vaticinante.
Un guía me dijo: *Cuando te cacen,*
entrégate al miedo.

{NORTH} [WALL} ┊ {VANISHING] [OF] [ENKIDU}

[𝐄VERY] [TABLET] [BREAKS]→

I carve tablet after tablet.
The poem, the deadly hour,
the shadows lengthen into millennium.
Dust enters my lungs.

If I am the rope, and you are the weaver—
If I lower you into a well, and you rip out the threads—
If a space in my heart lets the blood through—
If we cannot weave together, but you weave and I weave—

This is the first poem. It need not have an end.
I add clay, remove clay, carve more glyphs.
A thousand poems, if you'll read them.
Of course, I wanted you, not this poem.

Every tablet breaks at the bottom.
That's how we used to go back in time.
Shall I welcome what I cannot change?
Shall I welcome myself within the unchanging?

If this is too much clay, may we break off?
If this is too much paint, may we paint over?
If these are too many threads, may we braid?
If we must die, may we bear a legacy?

And what shall we do with a wild man
who does not want to be jailed in a poem?
I'm not grasping; he's not to be touched.
He was formed from clay but he won't stay there.

{[PARED] [NORTE]} {[DESAPARICIÓN] [DE] [ENKIDU]}
←[TODA] [TABLETA] [SE] [ROMPE]

Cincelo tableta tras tableta.
El poema, la hora mortal,
las sombras se alargan hasta el milenio.
Me entra polvo en los pulmones.

Si yo soy la soga y tú eres el tejedor...
Si te bajo a un pozo y rasgas los hilos...
Si un espacio en mi corazón deja pasar la sangre...
Si no podemos tejer juntos, pero tú tejes y yo tejo...

Este es el primer poema. No necesita final.
Agrego arcilla, quito arcilla, cincelo más glifos.
Mil poemas, si los vas a leer.
Yo, por supuesto, te quería a ti, no este poema.

Toda tableta se rompe por abajo.
Así era como nos devolvíamos en el tiempo.
¿Debo dar la bienvenida a lo que no puedo cambiar?
¿Debo darme la bienvenida a mí mismo dentro de lo inmutable?

Si es demasiada la arcilla, ¿podemos romper?
Si es demasiada la pintura, ¿podemos repintar?
Si son demasiados los hilos, ¿podemos tejer?
Si debemos morir, ¿podríamos cargar un legado?

¿Y qué vamos a hacer con un hombre bravío
que no quiere ser enjaulado en un poema?
Yo no soy agobiante; él no es asible.
Fue formado de arcilla pero no se quedará allí.

{[NORTH] [WALL]} {[VANISHING] [OF] [ENKIDU]}
[ENKIDU] [DREAMS] [OF] [CHARTS]→

The charts are from Enkidu's dreams.
Bodies become consumable objects.
A torso braces itself so the hurt is expected.
Enkidu lit my way; Enkidu's spirit is somewhere.

I take the scene back to tablets.
I take it all the way back to the wall of the cave.
We must paint it over.
We must erase; only the erasing is real.

Enkidu, you are the eraser; you are the real.
Did you feel every hammer blow, every brushstroke?
I am the wall of the cave. I am the projection.
You are the light.

I named myself Sun because I am the king.
But we were the sun.
You are gone, and the sun has gone,
and what is my reign to me now?

An azimuth is an angle that maps the sky.
Angles are imagined; memory is forever.
Angles create edges; we walk them.
The world is infinite, so Enkidu is somewhere.

{[PARED] [NORTE]} {[DESAPARICIÓN] [DE] [ENKIDU]}
←[ENKIDU] [SUEÑA] [CON] [MAPAS]

Los mapas proceden de los sueños de Enkidu.
Los cuerpos se vuelven objetos consumibles.
Un torso se hincha ya que espera la herida.
Enkidu iluminó mi camino; el espíritu de Enkidu está en algún
  lugar.

Llevo la escena de vuelta a las tabletas.
La llevo todo el camino de vuelta hasta la pared de la caverna.
Hay que repintarla.
Hay que borrar; sólo el borrado es lo real.

Enkidu, eres el borrador; eres lo real.
¿Sentiste cada martilleo, cada pincelada?
Yo soy la pared de la caverna. Yo soy la proyección.
Tú eres la luz.

Me he nombrado el Sol porque soy el rey.
Pero éramos el sol.
Te has ido, y el sol se fue,
¿y a mí qué es mi reino ahora?

Un acimut es un ángulo que mapea el cielo.
Los ángulos son imaginados; la memoria pervive.
Los ángulos crean bordes; los caminamos.
El mundo es infinito, así que Enkidu está en algún lugar.

{NORTH} [WALL] {VANISHING} [OF] [ENKIDU]

[WE] [MUST] [NOT] [END] [THIS] [WAY]→

You were the bender of time.
I am brutish, thoughtless, bent into a sundial.
I am a controller of men.
If I am too much, Enkidu, paint over me.

I am a commander.
I do not weep on command.
I am the first man in a poem.
I am king outside time.

You are the first dead man in a poem.
Your fictive death hurts as much as the real.
We must paint it over.
We must not end this way.

If we are too old for this,
if we have aged out of our joy,
if we are too antique for the future,
then make a suggestion.

I am wed to the story of my crown,
a kingship that ends with my death.
These tablets go on forever; they are one poem.
Enkidu is no more.

New gods and azimuths are the future.
Ishtar's bull was in our past.
Every angle points somewhere,
representing how we once tilted.

{[PARED] [NORTE]} {[DESAPARICIÓN] [DE] [ENKIDU]}
←[NO] [DEBEMOS] [TERMINAR] [DE] [ESTA] [MANERA]

Eras el curvador del tiempo.
Soy bruto, inconsciente, curvado en forma de reloj de sol.
Soy controlador de hombres.
Si demasiado soy, Enkidu, repíntame.

Soy comandante.
No lloro a voluntad.
Yo soy el primer hombre en un poema.
Soy rey fuera del tiempo.

Tú eres el primer muerto en un poema.
Tu muerte imaginada duele tanto como la real.
Hay que repintarla.
No debemos terminar de esta manera.

Si demasiado viejos somos para esto,
si sobrepasamos la edad de nuestra alegría,
si demasiado anticuados somos para el futuro,
entonces proponme algo.

Estoy atado a la historia de mi corona,
una monarquía que termina con mi muerte.
Estas tabletas perduran para siempre; son un solo poema.
Enkidu ya no existe.

Dioses nuevos y acimuts son el futuro.
El toro de Ishtar estaba en nuestro pasado.
Todo ángulo apunta a alguna parte,
representando cómo una vez nos ladeamos.

{TABLETS} [ON] [THE] [EAST] [WALL]

{ADORATION} [OF] [ENKIDU]

{TABLETAS} [EN] [LA] [PARED] [ESTE}

{ADORACIÓN} [DE] [ENKIDU}

{EAST} {WALL} {ADORATION} {OF} {ENKIDU}

[ABSENCE]→

When you left, the rocks shook,
the palace was sliced by cold, salt, wind.
Even the barn burned down.
I bend time so that you and I can lie down together.

Let me live or die according to your plan,
but give me mercy.
I want to believe I am worth mercy.
I want to believe it is your voice calling me.

The bodies curl up—
Enkidu, King Gilgamesh,
with our untendered debt to each other.
We share nuts of nostalgia, bread without mercy.

You vanish in smoke and move into me,
you inhabit the joists of my bones.
Not asking, but taking, transforming,
gone, but not gone—You are in me.

{PARED} [ESTE} {ADORACIÓN] [DE] [ENKIDU}

← {AUSENCIA]

Cuando te fuiste, las rocas temblaron,
el palacio fue tajado por el frío, la sal, el viento.
Hasta el granero se quemó.
Curvo el tiempo para que nos podamos acostar juntos.

Déjame vivir o morir según tu plan,
pero dame la misericordia.
Quiero creer que merezco misericordia.
Quiero creer que es tu voz la que me llama.

Los cuerpos se acurrucan...
Enkidu, el rey Gilgamesh,
con la deuda mutua que jamás contrajimos.
Compartimos nueces de nostalgia, pan sin misericordia.

Te desvaneces en humo y te mudas a mí,
habitas en las viguetas de mis huesos.
Sin preguntar, sino tomar, transformar,
ido, pero no ido... Estás en mí.

{EAST} [WALL} {ADORATION] [OF] [ENKIDU}

[I] [AM] [STILL] [TRACKING] [YOU]→

The glyphs are arranged in a manner ephemeral,
invisible to their own being,
butterflies that live to find nectar,
not contemplating how nectar grows butterfly wings.

Are you the rain scattered over the lake?
Isn't that you on the horizon, riding a different hope?
Is that the shape of your horse—
released, bloodstained, trailing smoke?

If the tether snaps, will I scatter, too?
Is darkness coming for us now,
for the old camp, for the fire,
for the key and the lock?

This firewood forest. Did I burn it?
This ruinous beer. Did I taste it?
Tell me where you lay your mattress,
tell me how many stars we are.

I am still tracking you through the woods.
I cannot find you because you hide in my ribs.
There is supposed to be an end;
it is emptiness that looks like calm.

Opposites come to life.
There was Enkidu, then there was Bull.
Why is it easier for me to remember the bull?
How could the King of Uruk let this happen?

How could something so real now be smoke?
Memories hold up the hypostyle tent, dotting the space.
An ibis runs into the wind.
I will become air if it will bring me closer to you.

I am trying to burn off the smoke.
I am trying to bury the hole.
I will betray my secrets,
die ten deaths if Enkidu is not at the end.

{[PARED] [ESTE]} {[ADORACIÓN] [DE] [ENKIDU]}

←[**T**ODAVÍA] [TE] [ESTOY] [RASTREANDO]

Los glifos están arreglados de manera efímera,
invisible a su propio ser,
mariposas que viven para buscar néctar
sin contemplar cómo al néctar le brotan alas de mariposas.

¿Eres la lluvia dispersa sobre el lago?
¿No eres tú en el horizonte, montando una esperanza diferente?
¿Esa es la forma de tu caballo...
liberado, ensangrentado, arrastrado de humo?

¿Si la atadura se rompe, también me dispersaré?
¿Nos rastrea ahora la oscuridad,
rastrea el campamento viejo, la hoguera,
la llave y la cerradura?

Este bosque de leña. ¿Lo quemé?
Esta cerveza ruinosa. ¿La probé?
Dime dónde colocas tu colchón,
dime cuántas estrellas somos.

Todavía te estoy rastreando por el bosque.
No puedo encontrarte porque te escondes en mis costillas.
Se supone que haya un final;
es un vacío que parece una calma.

Los contrarios se dan la luz.
Estaba Enkidu y luego estaba el Toro.
¿Por qué para mí es más fácil recordar el toro?
¿Cómo pudo el Rey de Uruk dejar que esto sucediera?

¿Cómo podría algo tan real ser ahora humo?
Los recuerdos sostienen la carpa hipóstila, salpicando el espacio.
Un ibis corre contra el viento.
Me convertiré en aire si me acerca a ti.

Estoy tratando de quemar el humo.
Estoy tratando de enterrar el agujero.
Traicionaré mis secretos,
moriré diez muertes si Enkidu no está al final.

{EAST} [WALL} {ADORATION} [OF] [ENKIDU}

[ANOINT] [ME]→

In the Flood, in the Darkness, we grope underwater,
we float in shock,
we grab onto a raft,
we rock on the raft in the storm.

Are we having a conversation
when we rock on the raft in the storm,
when his star is in my sky,
when he says "no," and there is nothing left to save?

If I speak the ibis words, *Send us back*,
if I row us back in time through the beer-dark waters,
if I prevent the bull from throwing Enkidu,
what would happen?

If he travels through no sky-hole, he won't salute my sovereignty.
If he isn't gored, there will be no liver to heal.
If we aren't ruined, he won't see me as the fixer.
If I row us back in time, he won't know what ibis words I said.

Enkidu would never know what I did.
I would save him, and I would lose him.
Anoint me, Enkidu, before I destroy our world;
pay me tribute before there is nothing left to save.

When you are not talking to me, I conjure you.
When I lose my way between campfires, you are with me.
When my body wastes away, you are in me.
When I want to be somewhere else, you stalk me.

Let it rain.
Let it flood.
You be fire that burns underwater.
Let me drown.

Whose boat do I row now?
Whose hand stays King Gilgamesh's hand,
takes King Gilgamesh's oar, saves him from doom?
This ghost hand, a friend—where have I seen him before?

{[PARED] [ESTE]} {[ADORACIÓN] [DE] [ENKIDU]}
←[UNGEME]

En el Diluvio, en las Tinieblas, andamos infraaguas a tientas,
flotamos pasmados,
agarramos una balsa,
nos sacudimos en la balsa en la tormenta.

¿Estamos conversando
cuando nos sacudimos en la balsa en la tormenta,
cuando su estrella está en mi cielo,
cuando él dice "no" y no queda nada que salvar?

Si digo las palabras ibis *Mándenos de vuelta*,
si nos remo de vuelta en el tiempo a través de cervezaguas,
si impido que el toro arroje a Enkidu,
¿qué pasará?

Si él no viaja por un hueco celestial, no saludará mi soberanía.
Si él no está corneado, no habrá ningún hígado para sanar.
Si no estamos arruinados, él no me verá como arreglador.
Si nos remo de vuelta en el tiempo, no sabrá qué palabras ibis dije.

Enkidu nunca sabría lo que hice.
Yo lo salvaría y lo perdería.
Úngeme, Enkidu, antes de que yo destruya nuestro mundo;
ríndeme homenaje antes de que no quede nada que salvar.

Cuando no hablas conmigo, te conjuro.
Cuando pierdo el camino entre las hogueras, estás conmigo.
Cuando mi cuerpo se desgasta, estás dentro de mí.
Cuando quiero estar en otro lado, me acechas.

Deja que llueva.
Deja que inunde.
Sé tú la llamarada infraaguas.
Déjame ahogarme.

¿De quién es la barca que remo ahora?
¿Qué mano detiene la mano del rey Gilgamesh,
toma el remo del rey Gilgamesh, lo salva de la perdición?
Esta mano fantasma, un amigo… ¿dónde lo he visto antes?

{[EAST] [WALL]} {[ADORATION] [OF] [ENKIDU]}

[**S**EEING] [THE] [INVISIBLE]→

In dreams I turn and turn the tablet, nothing tracks,
the first side, the reverse side, the third side.
Endings are restarts, beginnings forgotten, middles outside time,
fragments not recovered, no Herb of Pure Friendship.

We are made of dead ancestors:
their pots, our bellies,
their groans, our battle cries,
their chaos, our ruin.

I brought the physician to Enkidu's side.
I made Enkidu vanish.
This event can't be undone.
A doubled meaning can't be unfelt.

We are buried in the poem.
We can't hear our threat-haunted names.
No one carves the tablet.
The clay is outside time, and we are cuneiform.

Who were we before this puddle-rainbow schism,
before we were stamped by an Ishtar-mad bull?
Grief is a hoarfrost, slaying the fragile.
Hearing and understanding bay at each other.

May the feast-bringer not deliver empty bowls.
May we stop swallowing air.
May the feast-bringer starve us swiftly.
May there be no more feasts of loss.

I, Gilgamesh, ask of what was lost,
Will it come back? Gray-haired? Ever?
Enkidu does not answer. Grief answers.
Grief asks if I, Gilgamesh, return to myself.

The greater the distance, the more I feel you.
The longer the silence, the more I hear you.
I understand you are coming to life in my mind,
that what ends becomes a poem, a tablet carved with heat.

{{PARED} [ESTE]}   {{ADORACIÓN] [DE] [ENKIDU}}
←[VER] [LO] [INVISIBLE]

En sueños giro y giro la tableta, nada cuadra,
el primer lado, el reverso, el tercer lado.
Los finales son reinicios, los inicios olvidados, los medios fuera del
  tiempo,
fragmentos no recuperados, sin Hierba de Amistad Pura.

Estamos hechos de antepasados muertos:
sus ollas, nuestros vientres,
sus gemidos, nuestros gritos de batalla,
su caos, nuestra ruina.

Llevé al médico al lado de Enkidu.
Hice que Enkidu se desvaneciera.
Este evento no se puede deshacer.
Un significado doblado no se puede insentir.

Estamos enterrados en el poema.
No podemos oír nuestros nombres llenos de amenazas.
Nadie talla la tableta.
La arcilla está fuera del tiempo y somos cuneiformes.

¿Quiénes éramos antes de este cisma de charcoíris,
antes de que nos embistiera el toro enloquecido por Ishtar?
El duelo es una escarcha que dispone lo frágil.
El oír y el entender intercambian gruñidos.

Que el anfitrión del banquete no nos traiga tazas huecas.
Que dejemos de tragar aire.
Que el anfitrión nos mate de un hambre veloz.
Que no haya más banquetes por las pérdidas.

Yo, Gilgamesh, le pregunto a lo que fue perdido:
¿Volverá? ¿Canoso? ¿Alguna vez?
Enkidu no contesta. El duelo sí.
El duelo pregunta si yo, Gilgamesh, vuelvo a mí.

Cuanta más distancia, más te siento.
Cuanto más silencio, más te oigo.
Entiendo que cobras vida en mi mente,
que lo que acaba se hace poema, tableta con trazos de calor.

{EAST} [WALL]   {ADORATION} [OF] [ENKIDU}

[**E**NKIDU,] [ANIMAL-MAN-GOD]→

To gore the wild man is to immortalize him,
to blast him through the torn liver of time.
To call the physician is to kill the wild man,
to make the wild man look at his own blood.

To know Enkidu is to want him to come back.
To know Enkidu is to take him back in any animal state.
To see Enkidu is to see a dead man's soul.
To see something that is no-thing is to have a god.

I am ashamed to bow my head,
but can I wear a crown in this dishonor?
In what year do I become responsible?
What wisdom initiates me to my throne?

Is accountability anywhere except right now,
and does it tell anything but truth?
These half-beliefs, returned undead, they dog me,
and I whistle, scratch them behind the ears.

You are unbroken, I am smashed,
you are whole, I am part,
you were needed and wanted,
and you—you—are a legend.

The "yes" wounds slowly.
The "no" feuds with silence.
"Yes" and "no" are happenings-again, epiphanies,
honesty of secrets, beauty of veils.

I have tried perseverating.
I have tried letting go.
My betrayal of you defines me.
Still, I hear the weight of your feet by my side.

—when your legend, too, is a smashed-up tablet?
—when the tale is forgotten?
—when lungs have no more air to breathe?
—when "yes" and "no" stop meaning?

⟨[PARED] [ESTE]⟩ ⟨[ADORACIÓN] [DE] [ENKIDU]⟩

←[ENKIDU,] [ANIMAL-HOMBRE-DIOS]

Cornear al hombre bravío es inmortalizarlo,
dispararlo a través del hígado desgarrado del tiempo.
Llamar al médico es matar al hombre bravío,
obligar al hombre bravío a mirar su propia sangre.

Conocer a Enkidu es querer que vuelva.
Conocer a Enkidu es recuperarlo en cualquier estado animal.
Ver a Enkidu es ver el alma de un muerto.
Ver algo que no es nada es tener un dios.

Me da vergüenza inclinar la cabeza,
pero ¿puedo llevar una corona con este deshonor?
¿En qué año me haré responsable?
¿Qué sabiduría me inicia a mi trono?

¿Está la responsabilidad en alguna parte excepto ahora mismo,
y dice algo que no sea la verdad?
Estas creencias a medio formar, cadáveres que vuelven, me acosan
y silbo, les acaricio detrás de las orejas.

Estás intacto, estoy destrozado,
estás entero, yo soy parte,
eras necesitado y querido
y tú…tú…eres una leyenda.

El "sí" hiere lentamente.
El "no" se riñe con el silencio.
"Sí" y "no" son recurrencias, epifanías,
honestidad de secretos, belleza de velos.

He intentado perseverar.
He intentado dejarlo caer.
Mi traición de ti me define.
Aún oigo el peso de tus pies a mi lado.

¿…cuando la leyenda tuya también es una tableta destrozada?
¿…cuando el relato se olvida?
¿…cuando no queda aire para que los pulmones lo respiren?
¿…cuando "sí" y "no" dejan de significar?

{EAST} [WALL] {ADORATION] [OF] [ENKIDU}

[HOW] [ANIMALS] [WERE] [MADE]→

The tar pit swallowed living things
—butterfly, fish, bull, elephant—
linked them together,
fossilized them into a single beastly shell.

The rainbow spread over the floodwaters,
and the rainbow said: *I have named all the species.*
I have prepared something delicious for breakfast.
I hope you like fish.

I am not ready for rainbows.
My darkness shouts a name I don't recognize.
My darkness asks: *Who do you think you are?*
My darkness teases, saying: *That wasn't a question.*

I am made of parts not understood:
a thorax, silver fin, tail, tusk.
How do they attach?
How do I move? On wheels?

Inside me is a bull with burning breath,
horns like great swords,
hooves large as a man's skull.
In my memory, it glistens and grows.

An experience unique to king and wild man,
this grappling, this bloody heat.
The yawning hole will be King Gilgamesh's epitaph.
The city must be saved from tar pits. I have work to do.

The king is speaking and he is exhausting.
That would be me. Who raises a complaint?
The wild man is a bubbling, honking ibis.
That would be Enkidu. He cannot exist among men.

More sun, more tar pit—
More moon, more belief—
More skeleton, more hunger—
More rainbow, more name.

{[PARED] [ESTE]} {[ADORACIÓN] [DE] [ENKIDU]}
← [CÓMO] [SE] [HICIERON] [LOS] [ANIMALES]

El pozo de brea tragó seres vivos
…mariposa, pez, toro, elefante…
los amalgamó,
los fosilizó en un solo cascarón bestial.

El arcoíris se extendía sobre las aguas de aluvión,
y el arcoíris dijo: —*He nombrado a todas las especies.*
He preparado algo delicioso para el desayuno.
Espero que te guste el pescado.

No estoy preparado para los arcoíris.
Mi oscuridad vocifera un nombre que no reconozco.
Mi oscuridad pregunta: *¿Quién crees que eres?*
Mi oscuridad me embroma, diciendo: *No era una pregunta.*

Estoy hecho de partes no conocidas:
un tórax, una aleta plateada, una cola, un colmillo.
¿Cómo se unen?
¿Cómo me muevo? ¿Sobre ruedas?

Hay dentro de mí un toro de aliento fogoso,
con cuernos como grandes espadas,
con pezuñas tan grandes como calavera de hombre.
En mi memoria, reluce y crece.

Una experiencia que es única para rey y hombre bravío,
el agarre, el calor sangriento.
El agujero abierto será epitafio del rey Gilgamesh.
Hay que salvar la ciudad de los pozos de brea. Hay tareas para mí.

El rey está hablando y es agotador.
Ese soy yo. ¿Quién presenta una queja?
El hombre bravío es un ibis burbujeante y graznante.
Ese es Enkidu. No puede existir entre hombres.

Cuanto más sol, más pozo de brea…
Cuanta más luna, más creencia…
Cuanto más esqueleto, más hambre…
Cuanto más arcoíris, más nombre.

{[EAST] [WALL]} {[ADORATION] [OF] [ENKIDU]}
[SCRATCHED] [IN] [AMBER]→

Enkidu's disappearance is doom.
Everything impossible is a little doom.
What is a bit more doom?
What does it matter—what we are given, what we make?

I have just realized I am stubborn.
I would bend toward Enkidu,
I would bend to see the Animal-Man-God once more,
and in this oath, I am stubborn, unbending.

I used to remember the palms so I could return.
Enkidu would break the tablet and rewrite the story.
Now, I remember the palms because I cannot return.
There is no Enkidu except in memory.

We discern images.
We are balancing acts.
We curate no beliefs.
We drip our past into suspended futures.

Scratch the script into amber.
Words are mythic artifacts that do not rust,
but go on, one way or another,
a course to chart with azimuths, a lineage of time.

Enkidu! We are trapped in amber.
Our fossilization has begun.
We are always too young for the resin,
already too old for resurrection.

{[PARED] [ESTE]} {[ADORACIÓN] [DE] [ENKIDU]}

←[RAYADO] [EN] [ÁMBAR]

La ocultación de Enkidu es la perdición,
todo imposible es una pequeña perdición.
¿Qué significa un poquito más de perdición?
¿Qué importa…lo que se nos da, lo que hacemos?

Me acabo de dar cuenta de que soy obstinado.
Me ladearía hacia Enkidu,
me ladearía para ver el Animal-Hombre-Dios una vez más,
y en este juramento, soy obstinado, sin ladear.

Yo solía recordar las palmas para poder volver.
Enkidu rompía la tableta y reescribía la historia.
Ahora recuerdo las palmas porque no puedo volver.
No hay Enkidu sino en la memoria.

Discernimos imágenes.
Somos malabarismos.
No curamos ninguna creencia.
Goteamos nuestro pasado en futuros suspendidos.

Raya la escritura en ámbar.
Las palabras son artefactos míticos que no se oxidan,
pero perviven, de una manera u otra,
un curso para trazar con acimuts, un linaje del tiempo.

¡Enkidu! Estamos atrapados en ámbar.
La fosilización ha comenzado.
Siempre somos demasiado jóvenes para la resina,
ya demasiado viejos para revivir.

{EAST} [WALL]   {ADORATION} [OF] [ENKIDU]

[THE] [COIN] [OF] [GILGAMESH]→

I am weary of surviving the way we used to.
I am weary of breaking tablets, of traveling back in time.
I, King Gilgamesh, want all events in order.
I would like to live forever, and I want Enkidu at the end.

In the treasury there is coin, good coin, heavy coin,
stamped with an ibis.
Does coin make Gilgamesh a king?
What is an ibis to a king?

Dream-Akkadian is rough, noisy.
The language is an incomplete set of all that is.
The language has words for what will not be,
for opposition, for the pairing of yes and no.

He surged out of answers, the Yes-No Man,
and he was Change who could not name himself,
could not see his own eyes,
could not let answers affix him to anything.

The king is dead and I have the keys to his chariot.
I am the king and I am a ghost.
Enkidu is gone from the land of Uruk.
Everyone is dead and no one has keys.

{[PARED] [ESTE]} {[ADORACIÓN] [DE] [ENKIDU]}

←[LA] [MONEDA] [DE] [GILGAMESH]

Estoy cansado de sobrevivir como solíamos.
Estoy cansado de romper tabletas, de volver en el tiempo.
Yo, el rey Gilgamesh, quiero todos los eventos en orden.
Me gustaría vivir para siempre, y quiero a Enkidu al final.

En el tesoro hay monedas, monedas buenas, monedas pesadas,
con un ibis estampado.
¿La moneda hará de Gilgamesh un rey?
¿Qué significa un ibis para un rey?

El Acadio de Sueño es bronco, ruidoso.
La lengua es un conjunto incompleto de todo lo que hay.
La lengua tiene palabras para lo que no será,
para la oposición, para el emparejamiento de sí y no.

Surgió de las respuestas, El Sí-No Hombre,
y era El Cambio quien no podía nombrarse,
no podía ver sus propios ojos,
no podía permitir que las respuestas le fijaran a nada.

El rey está muerto y tengo las llaves de su carruaje.
Soy el rey y soy un fantasma.
Enkidu se fue de la tierra de Uruk.
Todos están muertos y nadie tiene llaves.

{TABLETS} {ON} {THE} {SOUTH} {WALL}

{FRIENDSHIP} {QUEST}

{TABLETAS} [EN] [LA] [PARED] [SUR}

{BÚSQUEDA] [DE] [LA] [AMISTAD}

{SOUTH} [WALL} {FRIENDSHIP} [QUEST}

[OR] [CALL] [ME] [NO] [KING]→

I, Gilgamesh—I, too, am buried.
Is it your dirt, Enkidu?
Is dirt a mirror?
Can darkness reflect?

I will not pursue Enkidu as I've hunted men, women, deer.
I have a new quest.
I will outdo the physician: I will kill death.
I will seek the Herb of Pure Friendship.

"Why can't I have what I want?" I ask my guide.
"The thing is not here, and it does not want to be had."
"But there's a thing that I want. Why can't I have it?"
"Good luck to you, your quest, and your recirculation."

It is not enough. I am king.
A king must know how to live.
A king cannot wait for the air to permit him to breathe.
A king's own lungs must take the air in.

I want to be the blessing and the keep.
I want to be the one who blesses and keeps.
I want to bless and keep if it is for you.
I shall be that Gilgamesh, or call me no king.

I do not care if Ishtar sends her bull of revenge.
To matter is to feel in the bone-flesh.
Failure only matters if the king can feel.
Failure chases me—enters me, no?—like a ghost.

I feared the bull, the loss, the long sleep.
I must not fear my fear.
I am not the moon nor her secrets.
I came from the upward burning sun.

{PARED SUR} {BÚSQUEDA DE LA AMISTAD}

←[O] [NO] [ME] [LLAMES] [REY]

Yo, Gilgamesh... yo también estoy enterrado.
¿Es tu tierra, Enkidu?
¿Es la tierra un espejo?
¿Puede reflejarse la oscuridad?

No perseguiré a Enkidu como he cazado a hombres, mujeres,
  ciervos.
Tengo una búsqueda nueva.
Haré más que el médico: Mataré la muerte.
Buscaré la Hierba de la Amistad Pura.

—¿Por qué no puedo obtener lo que deseo? —pregunto a mi guía.
—El objeto no está aquí y no quiere ser obtenido.
—Pero existe un objeto que deseo. ¿Por qué no puedo obtenerlo?
—Buena suerte a usted, a su búsqueda y a su recirculación.

No es suficiente. Soy rey.
Un rey debe saber cómo vivir.
Un rey no puede esperar que el aire le permita respirar.
Los pulmones de un rey deben tomar el aire.

Quiero ser la bendición y la fortaleza.
Quiero ser quien bendiga y resguarde.
Quiero bendecir y resguardar si es para ti.
Seré ese Gilgamesh, o no me llames rey.

No me importa si Ishtar manda su toro de venganza.
Importar es sentir dentro de la carne ósea.
El fracaso importa sólo si el rey puede sentir.
El fracaso me caza, o sea, me entra, como fantasma.

Yo temía al toro, a la pérdida, al profundo sueño.
Debo no tener miedo de mi miedo.
Ni soy la luna ni sus secretos.
Vine del sol que se quema en ascenso.

{{SOUTH} [WALL]} {{FRIENDSHIP] [QUEST]}

[ɪ] [PROMISE] [NOT] [TO] [CALL] [OUT] [TO] [YOU]→

I will know myself!
I grow answers like stalactites.
If I lose my grip, if I shatter on the floor,
those are my stone daggers to pick up.

The poems I want to carve are not poems you want to read.
Devotion is to think alone about why I leave you alone.
I write for myself, knowing you will not read.
I write for you, knowing you will not read.

You and I were memory, promise, purpose.
Rain is an exile, extinction.
If you have to exile, start here and now.
If you have to extinguish, let the smoke curl.

I will not give you more tasks about me.
You are busy knowing yourself.
I will limit my business to knowing myself.
Though I long for your counsel, I will not call.

I sent the physician to grab your shoulder.
You were tugged to the Underworld.
Does the request of King Gilgamesh cause you to leave?
Or do you go because that is what you want?

You are still yelling.
Which is more terrifying:
that I never get what I want,
or that I get it and still hunger?

Passages are guarded by knobs and locks.
The locks have to be taught, studied.
When a bull charges me, I cannot turn a knob.
The knob is locked; the bull advances.

I will not call out to you, Enkidu.
I promised not to call out to you.
The next bull is mine.
Devotion is to kill the bull myself.

{{PARED} {SUR}} {{BÚSQUEDA} {DE} {LA} {AMISTAD}}
←{**P**ROMETO} {NO} {LLAMARTE}

¡Me conoceré a mí mismo!
Me brotan respuestas como estalactitas.
Si pierdo mi agarre, si me quiebro en el suelo,
esos son mis puñales de piedra para recoger.

Los poemas que quiero cincelar no son los poemas que quieres leer.
La devoción es pensar a solas en por qué te dejo solo.
Escribo para mí, sabiendo que no vas a leer.
Escribo para ti, sabiendo que no vas a leer.

Tú y yo éramos memoria, promesa, propósito.
La lluvia es exilio, extinción.
Si tienes que exiliar, empieza aquí y ahora.
Si tienes que extinguir, deja que el humo se enrosque.

No voy a darte más tareas sobre mí.
Estás ocupado en conocerte.
Limitaré mis asuntos al conocimiento de mí mismo.
Aunque anhelo tu consejo, no llamaré.

Mandé que el médico te agarrara el hombro.
Fuiste arrastrado al Inframundo.
¿Acaso el pedido del rey Gilgamesh hace que te vayas?
¿O te vas porque es lo que quieres?

Todavía estás gritando.
¿Qué es más aterrador:
que nunca obtendré lo que quiero,
o que lo obtendré y todavía tendré hambre?

Los pasajes están guardados por perillas y cerraduras.
Las cerraduras tienen que ser enseñadas, estudiadas.
Cuando un toro me arremete, no puedo girar una perilla.
La perilla está cerrada con llave; el toro avanza.

No te llamaré, Enkidu.
Prometí no llamarte.
El próximo toro es mío.
La devoción es matar el toro por mí mismo.

{SOUTH} [WALL} {FRIENDSHIP} [QUEST}

IF THE HEAVENS SPOKE →

A king is not his inheritance.
A king must outgrow his crown; his shadow must lengthen.
If there is no use for the battle cry, tell me,
what was that noise—what was it all for?

What if the heavens had other possibilities and they spoke?
What if gods and their minions talked to me?
The stars send me meteors.
The rocks sear toward me by cosmic design.

I am the torch and the air,
flint, flame, injunction, permission.
You are papyrus and ink not invented.
You erase me, your word beating my fire.

See how the clouds gather gray skirts
and fall to the lake again, drop after drop, smothering embers.
When you erase me, I become you,
waiting, clearing, brushstroke, judgment.

Enkidu, you are the body, you are a force of lyric magic,
you are a purpose, you are the point,
your speech is Wild Akkadian, you are an oracle.
You are what happens when we ask for change.

"One ibis coin," says the guide on the river.
"I have none," I say.
"Row yourself, then, King," says the guide.
I row to Utnapishtim, who survived the last Flood.

"Utnapishtim, is there Pure Friendship?
How much farther must I row the beer-dark waters to find it?"
"No, Gilgamesh, there is no Pure Friendship.
Have you rowed without wetting your hand?"

We can enter and exit the maze.
We can invent our own alphabet.
We can fly; we must only learn to beat our wings.
We will rise when we are not each other's burden.

{[PARED] [SUR]} {[BÚSQUEDA] [DE] [LA] [AMISTAD]}

← [SI] [LOS] [CIELOS] [HABLARAN]

Un rey no es su título.
Un rey debe crecer más que su corona; su sombra debe alargarse.
Si no sirve el grito de batalla, dime,
¿qué era ese barullo…para qué era todo aquello?

¿Y si los cielos tuvieran otras posibilidades y hablaran?
¿Y si los dioses y sus secuaces me abordaran?
Las estrellas me envían meteoros.
Las rocas arden hacia mí por designio cósmico.

Soy la antorcha y el aire,
pedernal, llama, mandato, permiso.
Eres papiro y tinta no inventados.
Me borras, tu palabra venciendo mi fuego.

Mira cómo las nubes recogen faldas grises
y se caen al lago otra vez, gota tras gota, sofocando las brasas.
Cuando me borras, me convierto en ti,
una espera, un despeje, una pincelada, un juicio.

Enkidu, eres el cuerpo, eres una fuerza de la magia lírica,
eres un propósito, eres el punto,
tu lenguaje es Acadio Bravío, eres un oráculo.
Eres lo que pasa cuando pedimos cambio.

—Una moneda ibis —dice el guía en el río.
—No tengo ninguna —digo.
—Entonces, reme usted mismo, Rey —dice el guía.
Remo hacia Utnapishtim, quien sobrevivió el último Diluvio.

—Utnapishtim, ¿existe la Amistad Pura?
¿Cuánto más debo remar cervezaguas para encontrarla?
—No, Gilgamesh, no existe la Amistad Pura.
¿Has remado sin mojarte la mano?

Podemos entrar y salir del laberinto.
Podemos inventar nuestro propio alfabeto.
Podemos volar; sólo debemos aprender a batir las alas.
Nos alzaremos cuando no seamos la carga del otro.

{SOUTH} [WALL} {FRIENDSHIP] [QUEST}

[WHY] [AM] [I] [NOT] [DEAD?]→

If the bull meant to kill me, why am I not dead?
If the bull was in the past, why do I fear it now?
If I didn't rise bleeding, what do I hear dripping?
If the blood was Enkidu's, why does it taste like mine?

The spirit future enters uninvited,
devours the host flesh of the present,
asks question after question,
and I whisper "yes" because I have no choice.

The bull is oppressive, a harangue.
I believed Enkidu was untouchable.
Time rips out every throat,
and I whisper "yes" because I have no choice.

To remember is no longer to break tablets,
nor to speak the ibis words *Send us back*,
nor to live happily under the palms and rebirth the narrative.
Now, to remember is only to begin.

There is no eternal life, still less eternal youth.
In eternity, there is no life, still less youth.
The soul of Enkidu departed my body.
Now I, Gilgamesh, take up less space.

If I forget Enkidu, I will never sight him.
But if I cling to Enkidu, I will never get him back.
Whoever is too good for this world, him we yearn to murder.
What I have murdered, I enter.

{PARED} {SUR}　　{BÚSQUEDA} {DE} {LA} {AMISTAD}

← ¿POR QUÉ NO ESTOY MUERTO?

Si el toro pretendía matarme, ¿por qué no estoy muerto?
Si el toro estaba en el pasado, ¿por qué le temo ahora?
Si no amanecí sangrando, ¿qué es lo que oigo gotear?
Si la sangre era la de Enkidu, ¿por qué sabe a la mía?

El futuro espíritu entra sin invitación,
devora la carne huésped del presente,
hace pregunta tras pregunta,
y susurro "sí" porque me quedo sin opción.

El toro es agobiante, una arenga.
Creía que Enkidu era inasible.
El tiempo arranca cada garganta,
y susurro "sí" porque me quedo sin opción.

Recordar es no romper más tabletas,
ni decir las palabras ibis *Mándenos de vuelta*,
ni vivir contentos bajo las palmas y hacer renacer la narrativa.
Ahora recordar es sólo comenzar.

No hay vida eterna, menos la juventud eterna.
En la eternidad no hay vida, menos juventud.
El alma de Enkidu partió de mi cuerpo.
Ahora yo, Gilgamesh, ocupo menos espacio.

Si olvido a Enkidu, jamás lo avistaré.
Pero si me aferro a Enkidu, jamás lo recuperaré.
A quien sea demasiado bueno para este mundo, ansiamos matarlo.
A lo que yo he matado, yo entro.

{SOUTH} [WALL] {FRIENDSHIP] [QUEST}

[A] [LIVER] [GROWS] [BACK]→

I must hold the clay while I carve it.
I must be soft so I can have values.
I must believe Enkidu wants to sing with me.
I must listen for the words and the chords together.

Darkness is not a color but a saturation.
You wanted something else and moved toward it.
Every day you are gone, you are missed,
and you are wild, and you are not mine.

You are sleeping and I speak to you.
This goes on and on, and it will happen again.
Forgetting is a handful of sand dumped in the river.
Do not feel that you, Enkidu, must be the one to save me.

If it is time for friendship to break and it does not break,
if it is time for it to depart and it does not depart,
then I cannot redo my past anymore.
No one can save me in my past.

Somewhere I heard that a liver grows back.
Some far-shining star gave me that dream.
Let me find the healing herb, that sweet being.
What the bull rips, let me replenish.

Are you my dungeon? I'll be my own key.
Do you afflict me? I'll cut my finger,
bleed you out from me, be the drawbridge.
I release myself from you again and again.

The leaves begin to change,
the yellow, brown.
The change is eternal.
Just now, by noticing, I begin to change.

{[PARED] [SUR]} {[BÚSQUEDA] [DE] [LA] [AMISTAD]}

←[UN] [HÍGADO] [VUELVE] [A] [CRECER]

Tengo que agarrar la arcilla mientras la cincelo.
Tengo que ser delicado para tener valores.
Tengo que creer que Enkidu quiere cantar conmigo.
Tengo que escuchar juntas las palabras y los acordes.

La oscuridad no es color sino saturación.
Querías otra cosa y te le acercaste.
Cada día que faltas, se te echa de menos,
y eres bravío y no eres mío.

Estás durmiendo y te hablo.
Esto sigue y sigue, y volverá a suceder.
El olvido es un puñado de arena tirado en el río.
No sientas que tú, Enkidu, debas ser quien me salve.

Si llega la hora de que la amistad se quiebre y no se quiebra,
si llega la hora de partir y no parte,
entonces ya no puedo rehacer mi pasado.
Nadie puede salvarme en mi pasado.

En algún lado oí que un hígado vuelve a crecer.
Alguna estrella que brilla desde lo remoto me dio ese sueño.
Deja que busque la hierba sanadora, ese ente dulce.
Lo que el toro desgarra, déjame reponer.

¿Eres mi mazmorra? Seré mi propia llave.
¿Me atormentas? Me cortaré el dedo,
te desangraré de mí, seré el puente levadizo.
Me despego de ti una y otra vez.

Las hojas comienzan a cambiar,
las amarillas, las marrones.
El cambio es eterno.
Ahora mismo, al darme cuenta, comienzo a cambiar.

{SOUTH} [WALL] {FRIENDSHIP} [QUEST]

[FIRST] [CALL] [OF] [THE] [ANZU] [BIRD]→

The Tree of Birds is sacred to Ishtar,
and the birds have a blessing for Gilgamesh.
Look how the old bird becomes a young bird,
how the riddle is solved in a circle.

What if I tire of nesting,
and what if you want to be left alone?
No, I will not tire of nesting,
but maybe you want to be left alone.

I wish my feathers to molt and line the twigs;
I wish my unlaid eggs to come out at last;
inside each other, hawk and egg appear;
I wish my hatchlings to live just for the sake of that nest.

Many birds roost in the tree,
calling me *back, back, back*.
They gurgle the ibis words,
send us, send us, send us.

You are tired from the heat of the city that is not yours,
from people telling you what they think of you.
You may shrink from it,
but nothing shrinks from the Anzu Bird except the arc of sun.

Do you want evidence that you are here?
Kick the tablet!
This adventure is not a dream.
If the tablet chips, crawl out of the egg.

{[PARED] [SUR]}   {[BÚSQUEDA] [DE] [LA] [AMISTAD]}
←[EL] [PRIMER] [GRITO] [DEL] [PÁJARO] [ANZU]

El Árbol de los Pájaros es sagrado para Ishtar
y los pájaros traen una bendición para Gilgamesh.
Mira cómo el viejo pájaro se convierte en un joven pájaro,
cómo el acertijo se resuelve en un círculo.

¿Qué pasa si me canso de anidar
y si quieres que te dejen solo?
No, no me cansaré de anidar,
pero tal vez quieras que te dejen solo.

Deseo que mis plumas muden y forren las ramitas;
deseo que mis huevos no puestos por fin salgan;
uno dentro del otro, aparecen halcón y huevo;
deseo que mis crías vivan sólo por ese nido.

Muchos pájaros se posan en el árbol,
llamandome *de vuelta, de vuelta, de vuelta*.
Gorgoritan las palabras ibis:
mándenos, mándenos, mándenos.

Estás cansado del calor de la ciudad que no es tuya,
de la gente que te dice lo que piensa de ti.
Puedes escabullirte
pero nada se escabulle del Pájaro Anzu excepto el arco de sol.

¿Quieres evidencia de que estás aquí?
¡Patea la tableta!
Esta aventura no es un sueño.
Si la tableta se astilla, arrástrate del huevo.

{[SOUTH] [WALL]} {[FRIENDSHIP] [QUEST]}
[I] [CANNOT] [DIE] [IN] [A] [DREAM]→

Enkidu, you are on the dream-river to the Underworld.
The mist wraps your boat.
You hear a voice.
It may eat you.

You are a monster in the mist, and you are good.
I am a monster who faces you, and who knows.
I'm the voice. I'm in the boat.
I may be rougher than you expect.

We are disappearing objects.
You try to burn the barrel in which you set fires,
and finally the barrel catches fire,
and no place keeps the memory.

Write on the bull's skin even if it won't last.
When High Akkadian expires, speak to me in the demotic.
Remember what you said and keep hollering.
Break our ancient tablets just to spite me.

Dagger of endings.
Where does your madness keep you?
Why is it so hard to remain still?
Can you see through the fog and touch my shoulder?

I wake to a calm into which my toe will not dip.
It's my dream, so I cannot die.
The wake is gone before I am ready.
The shape was all edges, and I can never go with it.

Let me give everything back to you.
Let my voice be silenced if I do not open to you.
Let my lips be sewn shut if any part is found unwilling.
Let my life be tossed from the boat.

{[PARED] [SUR]} {[BÚSQUEDA] [DE] [LA] [AMISTAD]}

←[NO] [PUEDO] [MORIR] [EN] [UN] [SUEÑO]

Enkidu, estás en el río de sueños hacia el Inframundo.
La niebla envuelve tu barca.
Oyes una voz.
Quizás te coma.

Eres un monstruo en la niebla y eres bueno.
Soy un monstruo que te enfrenta y quién sabe.
Soy la voz. Estoy en la barca.
Estaré más tosco de lo que esperas.

Somos objetos que desaparecen.
Intentas quemar el barril en el que enciendes fuegos,
y por fin el barril se prende fuego,
y ningún lugar almacena el recuerdo.

Escribe en la piel del toro, incluso si no va a durar.
Cuando expire el Alto Acadio, háblame en el demótico.
Recuerda lo que dijiste y sigue gritando.
Rompe nuestras tabletas antiguas sólo para fastidiarme.

Puñal de finales.
¿Dónde te detiene tu locura?
¿Por qué es tan difícil quedarse quieto?
¿Puedes ver a través de la niebla y tocarme el hombro?

Me despierto a una calma en la que mi dedo del pie no se sumerge.
Es mi sueño, así que no puedo morir.
La estela se ha ido antes de que yo esté listo.
La forma era todo bordes y nunca puedo acompañarlo.

Déjame devolvértelo todo.
Deja que mi voz se calle si no te estoy dispuesto.
Deja que me cosan los labios si alguna parte se niega.
Deja que mi vida se tire de la barca.

{SOUTH} [WALL} {FRIENDSHIP} [QUEST}

[𒀭] [RESTART] [MY] [LIFE]→

I know who it is all about: You.
All chatter is praise of You;
all praise of anything else is chatter.
What can we do with that knowledge?

Is there anger in the way you curl in sleep?
Is there trust in your flinch when I place hands on your eyes?
I don't know if the sky watches us.
I don't know what is spoken from the dirt where Ishtar went down.

The stars demand copies of me
as if I am supposed to change my ways,
but all faces I see are your face:
deer, hawks, fish in the splash-marbled creeks.

No one catches flame as I do.
I make plans, but I am not a plan.
I do not become anyone else.
I am a hunger.

Ishtar, the Skeleton-Trespasser, already came out,
set free by the *assinnu*, who has no sex,
and by *kurgarru* and *galatur*, both woman and man.
Undefined people chart her impossible path.

I restart my life: jealous, hardened, thoughtful, profound.
I come out of my private Underworld for you.
Devotion muscles its way into the guarded palace.
If this restart is real, let's see what door breaks down.

I searched for the Herb of Pure Friendship.
I did not find it.
They say if you don't believe in it, it doesn't work as well.
Gilgamesh no longer believes it exists to be found.

╡[PARED] [SUR]╞ ╡[BÚSQUEDA] [DE] [LA] [AMISTAD]╞
← [**R**EINICIO] [MI] [VIDA]

Sé de quién se trata todo: de Ti.
Todo parloteo es elogio de Ti;
todo elogio de cualquier otra cosa es parloteo.
¿Qué podemos hacer con ese conocimiento?

¿Hay ira en la forma en que te acurrucas al dormir?
¿Hay confianza en tu retirada cuando pongo las manos sobre tus
   ojos?
No sé si el cielo nos mira.
No sé lo que se dice desde la tierra donde Ishtar bajó.

Las estrellas demandan copias de mí
como si yo debiera cambiar mis formas,
pero todas las caras que veo son tu cara:
ciervos, halcones, peces en los arroyos de espumas jaspeadas.

Nadie se prende fuego como yo.
Hago planes, pero no soy un plan.
No me convierto en ningún otro.
Soy un hambre.

Ishtar, La Intrusa de Esqueletos, ya salió,
puesta en libertad por *assinnu*, lo que no tiene sexo,
y por *kurgarru* y *galatur*, tanto mujer como hombre.
Personas indefinidas trazan su camino imposible.

Reinicio mi vida: celoso, curtido, pensativo, profundo.
Salgo de mi propio Inframundo por ti.
La devoción se mete con músculo al palacio vigilado.
Si este reinicio es real, veamos qué puerta se rompe.

Busqué la Hierba de la Amistad Pura.
No la encontré.
Dicen que si no crees en ella, no funciona tan bien.
Gilgamesh ya no cree que exista para ser encontrada.

{TABLETS} [ON] [THE] [WEST] [WALL]

{EMERGENCE}

{TABLETAS} [EN] [LA] [PARED] [OESTE]

{ECLOSIÓN}

{[WEST] [WALL]} {[EMERGENCE]}

[**I**] [MUST] [GO]→

Mountains, valleys, pathways to the clouds—
the air doesn't give permission.
I breathe it. My blood makes permission.
I am permission to hear, leap, strike, fall.

Remember me in rotating emptiness
under the palms where we used to laugh.
This memory has no names nor sounds,
only faces from that bright day under the palms.

The story used to begin on a bright day under the palms—
a day you remember, too—
a good day even if it never happened,
a fabled day distanced by memory.

I am the noise, I am the message,
I am the vector in the blood,
I am the hawk, I am the egg,
I cause hawk to lay and egg to hatch.

The forest bends into tunnels:
deer have unharnessed space from trees,
intersections are stamped like letters,
air moves through a puzzle of branches.

The reeds are heavy with pollen,
the shrubs spidered.
I am my own force of nature,
and I am on the path.

{[PARED] [OESTE]} {[ECLOSIÓN]}

←[DEBO] [IRME]

Las montañas, los valles, las sendas hacia las nubes…
el aire no da permiso.
Lo respiro. Mi sangre hace permiso.
Yo soy permiso para oír, brincar, golpear, caer.

Recuérdame en el vacío que gira
bajo las palmas donde solíamos reírnos.
Este recuerdo no tiene ni nombres ni tonos,
sólo caras de ese día brillante bajo las palmas.

La historia solía comenzar en un día brillante bajo las palmas…
un día que también recuerdas tú…
un buen día incluso si nunca ocurrió,
un día legendario distanciado por la memoria.

Soy el ruido, soy el mensaje,
soy el vector en la sangre,
soy el halcón, soy el huevo,
hago que el halcón ponga y el huevo se abra.

El bosque se dobla en túneles:
los ciervos han desenjaezado espacio de los árboles,
las intersecciones están estampadas como letras,
el aire se mueve a través de un rompecabezas de ramas.

Las cañas rebosan de polen,
como de arañas los arbustos.
Soy mi propia fuerza de la naturaleza,
y estoy en la senda.

{WEST} [WALL} {EMERGENCE}

[HERE] [IS] [MY] [LIVER]→

My liver is yours.
If I could cut out my liver, unjealous,
I would give it to you in your side,
I would stitch you whole.

I have asked Ishtar to cut out my liver.
I have asked her to send me the bull,
to loose it rampaging at me,
to smash my life again, usefully, to split and create.

If the Bull of Heaven could gore me, too,
if the Bull of Heaven could take my flesh,
if the Bull of Heaven could send you my blood,
if my blood could raise you up—

I would give you my liver.
My liver would grow back in me and in you,
the same flesh under our skin,
time made irrelevant, blood always binding us.

There could be tablets or not.
Palms could grow or not.
Across the beer-dark waters—who knows?
The goddess is silent, and now this story is mine alone.

{PARED] [OESTE} {ECLOSIÓN}

← [AQUÍ] [MI] [HÍGADO]

Mi hígado es tuyo.
Si pudiera cortarme el hígado, desceloso,
te lo pondría en el costado,
te armaría a remiendos.

Le he pedido a Ishtar que me corte el hígado.
Le he pedido que me mande el toro,
que lo suelte, que me arrase,
que resquebraje mi vida, con provecho, para dividir y crear.

Si el Toro del Cielo también me pudiera cornear,
si el Toro del Cielo pudiera tomar mi carne,
si el Toro del Cielo pudiera mandarte mi sangre,
si mi sangre pudiera levantarte...

te daría mi hígado.
Mi hígado volvería a crecer en mí y en ti,
la misma carne bajo nuestra piel,
la importancia del tiempo diluida en la sangre que nos enlaza.

Puede haber tabletas o no.
Las palmas pueden crecer o no.
A través de cervezaguas...¿quién sabe?
La diosa guarda silencio y ahora esta historia es sólo la mía.

{WEST} [WALL} {EMERGENCE}

[BEGIN] [WITH] [EMPTINESS]→

I must put one glyph on each block.
There are hundreds of blocks.
When I have filled the wall,
it is time to stop.

Be willing to forget but not undo.
Be willing to edit but not retract.
Be willing to lose but not renounce.
Be willing to forgo the Herb of Pure Friendship.

May Shamhat close her robe.
May Ishtar call off her bull.
May the Anzu Bird be free.
May Enkidu speak in his own time.

I can invent my own glyphs,
but why would I want to go back in time
before words took common tongue,
before shapes adhered to negative clay?

Language reigns over facts,
but facts do not rule the heart.
I can be king over glyphs
and still be flesh.

Seated on the throne, I will be grateful—
grateful, even, for the pain,
once it is something other than pain,
once it is glory.

{[PARED] [OESTE]}   {[ECLOSIÓN]}
←[AL] [PRINCIPIO,] [EL] [VACÍO]

Hay que poner un glifo en cada bloque.
Hay cientos de bloques.
Cuando he llenado la pared,
es hora de parar.

Disponte a olvidar pero no a deshacer.
Disponte a editar pero no a retractarte.
Disponte a perder pero no a renunciar.
Abstente de la Hierba de la Amistad Pura.

Que Shamhat cierre su túnica.
Que Ishtar detenga su toro.
Que el Pájaro Anzu sea libre.
Que Enkidu hable en su propia edad.

Puedo inventar mis propios glifos,
pero ¿por qué querría volver en el tiempo
antes de que las palabras tomaran lengua común,
antes de que las formas se adhirieran a la arcilla negativa?

La lengua reina sobre los hechos,
pero los hechos no gobernan el corazón.
Puedo ser rey sobre glifos
y aún ser carne.

Sentado en el trono, estaré agradecido…
agradecido, incluso, por el dolor,
una vez que sea otra cosa que dolor,
una vez que sea gloria.

{WEST] [WALL} {EMERGENCE}

[**I**] [HONOR] [IT] [BY] [DROPPING] [IT]→

I am King Gilgamesh. This is my story.
I am the grand tablet I've knocked like a door.
If my faith is impure, my liver will show it.
The heart and the lungs: This man is I.

I could not ascend until I trusted my command.
I could not drink water until I unclenched my jaw.
I could not accept until I let go.
I am a hammer of survival, a brush that erases.

The stalactite is dropped.
The quest is dropped.
The oar is dropped.
The eggshell is dropped.

The only way to ride this horse is to gather speed.
The only way forward is to stamp the ground.
The only way to see is to move into the unknown.
The only way to conquer is to hold nothing but the reins.

I honor it by dropping it; I set it free of my ideas.
I remember the bull, the blood, what it meant to me.
I pledge you my liver, the price of True Friendship.
My horse jumps like you've never seen.

{PARED} [OESTE] {ECLOSIÓN}

←[LO] [HONRO] [AL] [DEJARLO] [CAER]

Soy el rey Gilgamesh. Esta es mi historia.
Soy la gran tableta que golpeé como una puerta.
Si mi fe es impura, mi hígado lo revelará.
El corazón y los pulmones: Este hombre soy yo.

No podía ascender sin confiar en mi mando.
No podía beber agua sin soltar la mandíbula.
No podía aceptar sin dejar ir.
Soy un martillo de la supervivencia, un pincel que borra.

Se deja caer la estalactita.
Se deja caer la búsqueda.
Se deja caer el remo.
Se deja caer el cascarón del huevo.

La única manera de montar este caballo es ganar velocidad.
La única manera de avanzar es estampar el suelo.
La única manera de ver es moverse hacia lo desconocido.
La única manera de conquistar es sostener nada más que las riendas.

Lo honro al dejarlo caer; lo liberé de mis ideas.
Recuerdo el toro, la sangre, lo que significaba para mí.
Te prometo mi hígado, el precio de la Amistad Verdadera.
Mi caballo salta a manera de lo que jamás has visto.

{WEST] [WALL} {EMERGENCE}

[THE] [FREEDOM] [TO] [STOP] [DREAMING]→

The solution is in the effort.
The puzzle is in the waiting.
The puzzle seeks its solution.
The blood is the solution.

My future self is trapped in a clay tablet,
my future self is the invention of poetry,
my future self is a privilege and a gift who accepts me,
my future self has broken off the story at my own death.

If Enkidu appears to me,
he is a ghost.
He dreams of what it was to be alive.
I give him the freedom to stop dreaming.

One heart and many countries he has—
a river full of horses, a bank of briar,
firefly and swamp,
and he belongs to no king.

I drink good beer and strong medicine.
I treat myself with the kindness of Enkidu,
kindness of a rare form and great price.
To accept how I suffer is to understand the cure.

{PARED} [OESTE]　{ECLOSIÓN}

←[LA] [LIBERTAD] [DE] [DEJAR] [DE] [SOÑAR]

La solución está en el esfuerzo.
El acertijo está en la espera.
El acertijo busca su solución.
La sangre es la solución.

Mi yo futuro está atrapado en una tableta de piedra,
mi yo futuro es la invención de la poesía,
mi yo futuro es un privilegio y un don que me acepta,
mi yo futuro ha desgajado la historia en mi propia muerte.

Si Enkidu se me aparece,
es un fantasma.
Sueña con lo que era estar vivo.
Le doy la libertad de dejar de soñar.

Un corazón y muchas tierras tiene él...
un río lleno de caballos, una orilla de matorrales,
luciérnaga y ciénaga,
y él no pertenece a ningún rey.

Tomo buena cerveza y medicina fuerte.
Me trato con la amabilidad de Enkidu,
una amabilidad de forma rara y gran precio.
Aceptar cómo sufro es entender la cura.

{WEST] [WALL} {EMERGENCE}

[**W**AS] [I] [WHAT] [I] [WANTED?]→

For a long time, I did not know my will:
what foreign waters I would cross,
what demigods I would slay,
what antes I would up.

Then, I knew my will,
but enemies did not present themselves to me.
I could not prove my mettle.
It was a failure; it was not becoming of a king.

When I knew my will,
I did not know there was no way to win.
Now, the golden light has faded and the gate has locked.
There is no way.

I no longer recall the ibis words.
Send us—
The healing herbs do not burn here anymore.
Ishtar, wild and hate-jealous, does not tread here anymore.

The tree cannot be remediated before it blossoms;
the root cannot be remediated because I ate it.
I accept my rotten-apple choices.
Let me grow one seed at a time.

All this change was for a reason.
When I look *back* over my shoulder, I ask:
"How much of that was I?
Was it I, the whole time?"

{PARED} {OESTE} {ECLOSIÓN}

← {¿ERA} {YO} {LO} {QUE} {YO} {QUERÍA?}

Por mucho tiempo no conocí mi voluntad:
cuáles aguas extranjeras cruzaría,
cuáles semidioses mataría,
cuáles apuestas subiría.

Luego conocí mi voluntad,
pero los enemigos no se me presentaron.
No pude demostrar mi brío.
Fue un fracaso, indigno de un rey.

Cuando conocí mi voluntad,
no supe que no había camino hacia la victoria.
Ahora la luz dorada se ha descolorado y la puerta se ha cerrado.
No hay camino.

Ya no recuerdo las palabras ibis.
Mándenos ...
Aquí las hierbas sanadoras ya no se encienden.
Aquí bravía Ishtar, celodiosa, ya no puede pisar.

El árbol no se puede remediar antes de que florezca;
la raíz no se puede remediar porque me la comí.
Acepto mis elecciones de manzana carcomida.
Déjenme cultivar una semilla a la vez.

Todo este cambio fue por una razón.
Cuando miro *de vuelta* sobre mi hombro, pregunto:
—¿Cuánto de eso era yo?
¿Era yo todo el tiempo?

{{WEST] [WALL}} {{EMERGENCE}}

[NOW] [I] [MUST] [LIVE]→

My future self will not let me stay here.
It wants my soul as collateral for my passage.
I am King Gilgamesh: I am my solution,
my own shadow and misery.

I do not look to the desert but to where I cross over.
I lift my eyes where moon and sun move.
If the desert has an end, it is not for me to see.
If my tent is cold, I will raise a fire.

There is no Pure Friendship;
there is only the True, and there is no Herb for it.
The True is a star
always on the horizon and under the skin.

I cut back my torn flesh before it goes bad.
I stitch up my flesh as I would for someone I loved.
I do not intend to perish,
yet a king prepares to perish on the path.

A day with Enkidu under the palms was long ago.
The sundial has no numbers back there.
I carve letters into clay tablets
and write the story—as I like it.

{PARED] [OESTE} {ECLOSIÓN}

←{AHORA] [DEBO] [VIVIR]

Mi yo futuro no me permite quedarme aquí.
Quiere mi alma como garantía de mi paso.
Soy el rey Gilgamesh: soy mi solución,
mi propia sombra y miseria.

No miro al desierto sino hasta donde transcurro.
Alzo los ojos adonde se mueven la luna y el sol.
Si el desierto tiene fin, no es para que yo lo vea.
Si mi carpa está fría, levantaré una fogata.

No hay Amistad Pura;
sólo lo Verdadero, y para ello no hay Hierba.
Lo Verdadero es una estrella
siempre en el horizonte y bajo la piel.

Recorto mi carne desgarrada antes de que se estropee.
Coso mi carne como lo haría por un amado.
No tengo ninguna intención de morir,
pero un rey se alista para morir en el camino.

Un día con Enkidu bajo las palmas fue hace mucho.
El reloj de sol no tiene números detrás.
Cincelo letras en la tableta de arcilla
y escribo la historia como me plazca.

{{WEST] [WALL}} {{EMERGENCE}}

[SECOND] [CALL] [OF] [THE] [ANZU] [BIRD]→

People want out. Let them out if they're scratching the door.
Give the wild man back to the forest, to himself.
A king can move, too: blood, air, hawk, egg.
A man can be death. Death is a movement.

Eggshell is needed until it isn't.
Spirit cracks its own shell, draws air, becomes hawk.
There is a wrong month for this.
There is a right hour.

I may be alone or twinned.
If I am still here, I have choices:
a choice of which side of the tablet I read,
a choice of which nightmare I reject.

Now that I can no longer send myself back,
I am afraid to forget where I have been.
I pursued the cry of the Anzu Bird,
but I also looked over my shoulder.

Now there is death.
Now there is distress.
Now there is time.
Now there is poetry.

There is a broken dovecote and a shredded nest,
a strange taste called forgiveness,
a sun that sets orange and rises pink,
and a wine-dark sea never seen before.

How much is scaffolding, hammer, paint?
How little is the true point?
I, Gilgamesh, can let Enkidu go
because he is not my air nor my egg nor my light.

I can lay a new egg.
I can die and go on
as a small hawk I do not control,
as a spirit something like him.

{PARED} {OESTE} {ECLOSIÓN}
← {EL} [SEGUNDO] [GRITO] [DEL] [PÁJARO] [ANZU]

La gente quiere salir. Déjalos salir si están arañando la puerta.
Devuelve al hombre bravío al bosque, a sí mismo.
Un rey también puede moverse: sangre, aire, halcón, huevo.
Un hombre puede ser la muerte. La muerte es un movimiento.

El cascarón de un huevo se necesita hasta que ya no.
El espíritu rompe su propio cascarón, aspira aire, se convierte en
 halcón.
Hay un mes equivocado para esto.
Hay una hora correcta.

Puedo estar solo o hermanado.
Si todavía estoy aquí, tengo opciones:
una elección de qué lado de la tableta leo,
una elección de qué pesadilla rechazo.

Ahora que ya no puedo mandarme de vuelta,
tengo miedo de olvidar dónde he estado.
Perseguía el grito del Pájaro Anzu
pero también miraba sobre mi hombro.

Ahora la muerte existe.
Ahora la zozobra existe.
Ahora el tiempo existe.
Ahora la poesía existe.

Hay un palomar roto y un nido triturado,
un sabor extraño que se llama perdón,
un sol que se pone anaranjado y sale rosado
y un vinoso ponto que nunca se ha visto antes.

¿Cuánto es andamio, martillo, pintura?
¿Cuán pequeño es el verdadero punto?
Yo, Gilgamesh, puedo dejar ir a Enkidu
porque él no es mi aire ni mi huevo ni mi luz.

Puedo poner otro huevo.
Puedo morir y seguir
como un pequeño halcón que no controlo,
como un espíritu parecido a él.

{ORAL] [TRADITION}

{TRADICIÓN} {ORAL}

{ORAL} {TRADITION}

{SHUILA} {PRAYER}→

I admit the loss. I take the lesson.
I hear the challenge. I accept the quest.
I remember my ancestors. I enter the unknown.
I call out my troubles. Hear my voice.

A life has touched mine. We are links in the infinite chain.
I mark the end of mourning, and I am purified.
I enter a season of healing, and I am sustained.
Circle the tent. Close the back gate. Open the front gate.

The past speaks through me. Memory anoints me.
I stand on the threshold of hope and fear, life and death.
Take me under your wings. *I prepare myself to enter the water.*
My mind is clear. My heart is open. My body is renewed.

Give me energy, direction, strength, courage.
Give me safety, healing, mercy, peace.
Give me fullness of days. Give me choice.
Show me the clarity and dignity of my true self.

We will travel together, we will have safe guidance,
we will weather the passage with patience and vigor,
we will separate, we will stand alone,
we will always be protected, we will open to new life.

Make me capable of forgiveness. Dissolve my resistance.
Break the tablets in me. Return me to clay.
I forgive myself, I forgive others, I ask others to forgive.
Turn me around. Turn us to you. Turn me toward the light.

Help me build a life without that which is already lost,
as after an earthquake even the ground is transformed.
Carve me in the Tablet of Wholeness and Integrity.
Shelter me. Strengthen me. Form me with wisdom.

Repair my heart, soul, world.
Strengthen in me the urge for the good.
Allow me to unbind from the past.
Move me. Let me accept what comes.

{TRADICIÓN} [ORAL}

← [ORACIÓN] [SHUILA]

Confieso la pérdida. Tomo la lección.
Oigo el desafío. Acepto la búsqueda.
Me acuerdo de mis antepasados. Entro en lo desconocido.
Declaro mis penas. Oiga mi voz.

Otra vida ha tocado la mía. Somos vínculos en la cadena infinita.
Marco el final del luto y me purifico.
Entro en una nueva estación de la curación y me sostengo.
Rodee la carpa. Cierre la puerta de atrás. Abra la puerta principal.

El pasado habla a través de mí. La memoria me unge.
Me paro en el umbral de la esperanza y el miedo, la vida y la muerte.
Lléveme bajo sus alas. *Me preparo para entrar al agua.*
Mi mente está clara. Mi corazón está abierto. Mi cuerpo está renovado.

Deme la energía, la dirección, la fuerza, el coraje.
Deme la seguridad, la curación, la misericordia, la paz.
Deme plenitud de días. Deme elección.
Muéstreme la claridad y dignidad de mi verdadero yo.

Viajaremos juntos, tendremos orientación segura,
capearemos el pasaje con paciencia y vigor,
nos dividiremos, nos pararemos solos,
siempre estaremos protegidos, nos abriremos a la vida nueva.

Hágame capaz del perdón. Disuelva mi resistencia.
Rompa las tabletas dentro de mí. Regréseme a la arcilla.
Me perdono, perdono a otros, les pido perdón.
Gíreme. Gírenos hacia usted. Gíreme hacia la luz.

Ayúdeme a construir una vida sin lo que ya está perdido,
como, después de un terremoto, incluso la tierra queda
   transformada.
Cincéleme en la Tableta de La Plenitud y La Integridad.
Protéjame. Fortalézcame. Fórmeme con sabiduría.

Repare mi corazón, alma, mundo.
Fortalezca dentro de mí el impulso por lo bueno.
Permita que me desate del pasado.
Muévame. Déjeme aceptar lo que venga.

[$END] [US] [BACK]→

←[MÁNDENOS] [DE] [VUELTA]

[✱BOUT] [THE] [AUTHOR]→

Tucker Lieberman walks azimuths backward. He is the author of the nonfiction books *Painting Dragons* (2018), *Bad Fire* (2019), and *Ten Past Noon* (2020) and has contributed to a number of anthologies, including three recognized by Lambda Literary. He is married to the science fiction writer Arturo Serrano and lives in Bogotá. tuckerlieberman.com

[✱BOUT] [THE] [COVER] [ARTIST]→

Luis Carlos Barragán is a Colombian science fiction illustrator and writer. He has published the novels *Vagabunda Bogotá* and *El Gusano* and the short story collection *Parásitos Perfectos*. He has illustrated sci-fi novels, magazines, and book covers. He lives in Bogotá. Follow his work: artstation.com/artwork/k4yYq6

←[SOBRE] [EL] [AUTOR]

Tucker Lieberman retrocede acimuts. Es el autor de los libros de no-ficción *Painting Dragons* (2018), *Bad Fire* (2019) y *Ten Past Noon* (2020) y ha contribuido a varias antologías, incluyendo tres reconocidas por Lambda Literary. Está casado con el escritor de ciencia ficción Arturo Serrano y vive en Bogotá. tuckerlieberman.com

←[SOBRE] [EL] [ARTISTA] [DE] [PORTADA]

Luis Carlos Barragán es un ilustrador y escritor de ciencia ficción colombiano. Ha publicado las novelas *Vagabunda Bogotá* y *El Gusano* y la colección de cuentos *Parásitos Perfectos*. Ha ilustrado novelas de ciencia ficción, revistas y portadas de libros. Vive en Bogotá. Siga su trabajo: artstation.com/artwork/k4yYq6

www.ingramcontent.com/pod-product-compliance
Lightning Source LLC
Chambersburg PA
CBHW020545080526
44583CB00013B/1008